CATALOGUE

DES ANCIENNES

PORCELAINES DE SÈVRES

SEAUX, PLATEAUX, ASSIETTES, TASSES, BUIRES, SUCRIERS, ETC.

OBJETS D'ART

DU MOYEN AGE ET DE LA RENAISSANCE

Émaux de Limoges, Bronzes, Cuivres, Etains, Fers, Armes, etc.
Reliquaires, Custode, Châsses et Croix en cristal de roche.
ORFÈVRERIE ANCIENNE : Belle crosse d'Evêque, Aiguières, Flambeaux
Plaques en argent repoussé.

BELLES PENDULES LOUIS XIV, LOUIS XV ET LOUIS XVI

LUSTRE EN BRONZE — BEAU CARTEL EN BOIS SCULPTÉ LOUIS XVI

MEUBLES ANCIENS

25 TAPISSERIES — TAPIS ORIENTAUX

Beau Couvre-lit en guipure — Crêpes de la Chine — Soieries
BOIS SCULPTÉS : Belles Glaces régence — Nombreux Cadres

DONT LA VENTE AURA LIEU

HOTEL DROUOT, SALLE N° 8

Lundi 26 et Mardi 27 Décembre 1881

A DEUX HEURES

COMMISSAIRE-PRISEUR

Me PAUL CHEVALLIER, Succr de Me CH. PILLET

10, RUE DE LA GRANGE-BATELIÈRE

EXPERT

M. CHARLES GEORGE, 12, rue Laffitte.

Chez lesquels se trouve le présent Catalogue.

EXPOSITION PUBLIQUE, Dimanche 25 Décembre 1881

De deux heures à cinq heures et demie.

CONDITIONS DE LA VENTE

Elle sera faite au comptant.

Les adjudicataires payeront *cinq pour cent* en sus des enchères.

L'exposition mettant le public à même de se rendre compte de l'état des objets, il ne sera admis aucune réclamation une fois l'adjudication prononcée.

Paris. — Typ. Pillet et Dumoulin, 5, rue des Grands-Augustins.

DÉSIGNATION DES OBJETS

PORCELAINES DE SÈVRES

1 — Deux seaux en vieux Sèvres, pâte tendre, première grandeur, décor à bouquets de fleurs, de la plus belle qualité.

2 — Grande et belle tasse à deux anses dite tasse à la Reine avec son couvercle et sa soucoupe, en ancienne porcelaine de Sèvres, pâte tendre, décorée de bandes dorées rayonnantes, alternées de roses reliées par un filet bleu. — Pièce remarquable.

3 — Tasse trembleuse et sa soucoupe, vieux Sèvres, pâte tendre, décorée de pensées dans des médaillons en réserve sur fond bleu clair semé d'œils-de-perdrix.

4 — Tasse trembleuse avec couvercle, vieux Sèvres, pâte tendre décorée d'un trophée et de fleurs avec bordure bleu et or et une soucoupe vieux Sèvres pâte tendre décor à paysage.

5 — Tasse droite et sa soucoupe, vieux Sèvres pâte tendre décor à fleur des champs, bordure bleu-lapis à rehauts d'or. — Belle qualité.

6 — Tasse droite et sa soucoupe, vieux Sèvres, pâle tendre, décor semis de roses et couronne de feuilles de laurier.

7 — Tasse droite et soucoupe, vieux Sèvres, pâte tendre décorées d'un semis de fleurettes.

8 — Deux tasses avec soucoupes, vieux Sèvres tendre, décor à fleurs en camaïeu rose.

9 — Une tasse avec soucoupe modèle litron, de décor analogue.

10 — Tasse évasée et une soucoupe, vieux Sèvres tendre, décor à fleurs.

11 — Tasse droite et sa soucoupe Sèvres pâte tendre, décorée d'une guirlande de fleurettes.

12 — Tasse modèle cul-de-poule et soucoupe, vieux Sèvres pâte tendre, décor à fleurs.

13 — Tasse droite et sa soucoupe en vieux Sèvres, pâte dure, la tasse décorée d'un médaillon « la correction de l'Amour « et d'arabesques dorées, la soucoupe avec médaillon représentant « l'Amour traîné par un papillon. »

14 — Deux tasses avec soucoupes en porcelaine pâte tendre décorées de bouquets de fleurs ; bordure à double filet bleu.

15 — Deux tasses avec soucoupes en porcelaine tendre, médaillons d'oiseaux sur fond bleu turquoise, décor moderne.

16 — Deux autres tasses, porcelaine tendre, oiseaux, bordure turquoise décor morderne.

17 — Deux jolies buires, porcelaine de Sèvres pâte tendre, montées en bronze ciselé et doré. La panse des vases est décorée de médaillon d'amours dans le goût de Boucher.

18 — Sucrier à couvercle en vieux Sèvres, pâte tendre, à côtes, décor à bandes gros bleu et filets dorés.

19 — Théière en porcelaine de Sèvres, pâte tendre, décorée de deux médaillons ; trophées d'armes, en réserve sur un fond rose Pompadour à rehauts d'or.

20 — Plateau, forme bateau en ancienne porcelaine de Sèvres, pâte tendre, décor à fleurs dans des compartiments réservés sur un fond bleu turquoise.

21 — Saladier en vieux Sèvres, pâte tendre, modèle dit « feuille de chou. »

22 — Sucrier ovale à couvercle, même modèle.

23 — Plateau à bords festonnés avec moulure en relief, en vieux Sèvres, pâte tendre, décor à fleurs, bordure à hachures bleues et dorées.

24 — Plateau en losange, porcelaine de Sèvres, pâte dure, décor à fleurs.

25 — Plateau long, en vieux Sèvres tendre, décoré de fleurs.

26 — Plateau à bords festonnés, en vieux Sèvres, pâte tendre, de belle qualité, décoré à fleurs, rebords à double filet bleu, monture en bronze doré.

27 — Beurrier à couvercle et son plateau, en vieux Sèvres, pâte tendre, décor à fleurs et filets bleus.

28 — Deux compotiers, en vieux blanc de Sèvres, pâte tendre, gaufré en relief.

28 *bis* — Saladier en ancienne porcelaine de Sèvres, pâte tendre, décoré d'un paysage, personnages et guirlandes.

29 — Six grandes assiettes en vieux Sèvres, pâte tendre, de belle qualité, décor à fleurs, marli gaufré en manière de vannerie, époque Louis XV.

30 — Six belles assiettes en vieux Sèvres, pâte tendre, belle qualité, décor à fleurs, marli gaufré en vannerie.

31 — Six belles assiettes en vieux Sèvres tendre, à bords festonnés, décor à fleurs, marli gaufré à rocailles et fleurs.

32 — Deux assiettes de forme hexagonale à bords festonnés. Marli gaufré, décor à fleurs.

32 *bis* — Assiette en ancienne porcelaine de Vincennes, pâte tendre, camïeu rose.

33 — Deux assiettes ancienne porcelaine de Sèvres, pâte tendre, fleur au centre, marli gros bleu et or.

33 *bis* — Théière, vieux Sèvres tendre, décor à fleurs.

34 — Sucrier à couvercle, décor à fleurs.

35 — Un autre plus petit.

36 — Pot à crème, vieux Sèvres, décor à fleurs.

37 — Pot à crème, vieux Sèvres, décoré de bleuets.

38 — Sucrier, vieux Sèvres, décoré de guirlandes de fleurs suspendues à des rubans bleus.

39 — Plateau ovale, vieux Sèvres tendre, décoré de fleurs en camaïeu vert.

40 — Plateau ovale, porcelaine tendre, bordure rose, décor moderne.

40 *bis* — Un groupe en biscuit.

41 — Deux sucriers ovales adhérents aux plateaux, en vieux Sèvres, pâte tendre, décor à fleurs; filets bleus.

42 — Saladier en porcelaine de Saxe, décoré.

43 — Aiguière en Saxe, décoré.

OBJETS D'ART ET DE CURIOSITÉ

44 — Groupe composé de deux personnages en marbre blanc, avec parties peintes et dorées. xve siècle.

45 — Bénitier portatif en cuivre repoussé et doré ; il est orné de six bossettes repoussées, offrant différents sujets de l'histoire sainte; l'anse est formée de deux animaux chimériques. xvie siècle.

46 — Reliquaire de forme hexagone, en cuivre ciselé et doré, l'habitacle est fenestrée sur ses six faces, le couvercle en forme de toit est surmonté d'une petite statuette du Rédempteur. xve siècle.

47 — Flambeaux en cuivre ciselé du temps de Louis XVI.

48 — Trois flambeaux de différentes formes. xve et xvie siècles.

49 — Flambeaux offrant un homme d'armes tenant une torchère. Travail allemand du xvie siècle.

50 — Porte-rat de cave en cuivre finement ciselé. xvii siècle.

51 — Vase en cuivre de forme singulière. xve siècle.

52 — Canette jaugée en étain gravé. Le couvercle et le milieu de la panse sont ornés de plaques de cuivre sur lesquelles sont gravés des emblèmes de corporations et des inscriptions en langue allemande. Le couvercle est adapté à l'anse par un lion tenant un écusson.

53 — Lampe en cuivre à six becs. Travail hollandais du xviie siècle.

54 — Deux petites statuettes en cuivre repoussé et doré, offrant deux anges adorateurs. xve siècle.

55 — Plaque en cuivre repoussé, ciselé et doré, offrant au centre un ange nimbé. xiii siècle.

56 — Jolie custode en cuivre émaillé, fond bleu avec fleurons et monogrammes sur fond blanc. Travail de Limoges du xiiie siècle.

57 — Christ en cuivre repoussé et doré appliqué sur une croix émaillée. Travail de Limoges du xiiie siècle.

58 — Encensoir de forme sphérique en bronze, il est orné d'enroulements et d'animaux chimériques. xiiie siècle.

59 — Porte-allumettes en cuivre repoussé. xviie siècle.

*

60 — Coffret en bois recouvert en cuivre gravé et doré avec ferrure du temps. L'intérieur du coffre a conservé son ancienne garniture. XVIe siècle.

61 — Trousse de veneur en cuir gaufré et offrant au centre un écusson armorié. XVIe siècle.

62 — Jolie gaîne pour gobelet en cuir gaufré. XVIe siècle.

63 — Custode en cuir gaufré. XVIe siècle.

64 — Gaîne en cuir frappé et doré, pour couteau et fourchette.

65 — Arquebuse allemande du XVIIe siècle, platine à rouet d'un beau travail entièrement gravée, garniture en cuivre ciselé et doré.

66 — Rapière espagnole à double coquilles repercées à jour de trous en forme d'étoiles et de quatre feuilles.

67 — Dague italienne à lame triangulaire portant des chiffres.

68 — Clef d'arquebuse en fer gravé, terminée par un tournevis.

69 — Poire à poudre du règne de Louis XIII, en ébène incrusté de nacre et d'ivoire finement gravé.

70 — Poire à poudre en corne de cerf sculptée, garniture en fer. XVIe siècle.

71 — Cartouchière en fer ciselé et repercé à jour. XVIe siècle

72 — Batterie à silex en fer, finement sculpté, d'un travail très artistique Signé : Civadi Cafielli.

73 — Deux têtes de lions, deux cariatides et une petite console. Le tout en bois sculpté du XVIe siècle.

74 — Très belle croix en bois. Elle offre au centre le Christ peint sur fond or. Aux extrémités des croisillons, les bustes de sainte Madeleine et saint Jean. Travail italien du XIVe siècle.

75 — Sécateur en cuivre du temps de Louis XIV.

76 — Ciseaux ciselés et damasquinés. XVIIe siècle.

77 — Marteau de maîtrise. XVIIe siècle.

78 — Brassard d'archer en os gravé. XVIIe siècle.

79 — Deux petites terres cuites de la Renaissance, l'une offrant le buste d'une jeune femme vue de profil, l'autre un homme casqué.

80 — Petit plat d'étain, au centre, le Sacrifice de Noé ; autour l'histoire d'Adam et Ève.
Travail allemand, daté 1619.

81 — Lot d'étoffes diverses.

82 — Belle aumônière en velours brodé d'argent, et un bonnet de baptême également brodé. XVIIe siècle.

83 — Deux verrous en fer forgé. XVIIe siècle.

84 — Jolie glace biseautée dans un cadre en cuivre repoussé et guilloché, surmonté d'un fronton. XVIIe siècle.

85 — Ecole de Giotto (tableau). — Christ en croix entre la Vierge et saint Jean. Bois en forme d'ogive.

86 — Ecce Homo. Le Christ, couronné d'épines, semble mort; de chaque côté un ange tenant les instruments de la passion; peinture très fine sur fond or, dans un cadre gothique.

Haut. 38 cent.; larg., 42 cent.

87 — Trois volumes avec reliure intéressante des XVIe et XVIIe siècles.

88 — Die Cronycke van Hollant Zeellant ende Vrieskant, 1591. Petit in-folio avec gravures sur bois. Reliure en bois, revêtu de veau gaufré, offrant sur les plats une double bordure d'ornements de style renaissance, plaque et coins d'applique en cuivre frappé, d'ornements d'un goût délicat.

89 — Châsse de la fin du XVIe siècle, de forme carrée et à couvercle en toit, surmonté de deux armoiries et d'un

petit vase de fleurs; elle est en bronze ciselé et doré, et garnie de huit plaquettes en cristal de roche, encadrées d'ornements en bronze rapportés sur un fond en argent.

90 — Autre châsse semblable.

91 — Belle croix en cristal de roche, dont les branches se terminent en fleurs de lys; monture en bronze doré, datée 1626.

92 — Deux petits trophées composés d'armes et d'armures en bronze doré, époque Louis XIV.

93 — Bas-relief en ivoire finement sculpté: Mercure endormant Argus. XVIIe siècle.

94 — Deux petits cadres pour miniatures en bois sculpté et doré, époque Louis XIV.

95 — Joli éventail Louis XV, monture ivoire et nacre découpée à rehauts d'or, feuille gouachée représentant une fête champêtre.

96 — Éventail de même époque, monture en nacre, feuille représentant l'Hyménée.

97 — Un tableau portrait de femme, curieux costume de l'époque Louis XVI.

98 — Belle crosse d'évêque en argent fondu et ciselé de l'époque Louis XIV; un ange agenouillé supporte un

rinceau au centre duquel est saint Augustin en extase. Deux autres anges, portant la crosse et la mitre, couronnent cette pièce d'un travail remarquable.

99 — Aiguière Louis XVI en argent repoussé et ciselé, à cannelures, perles et feuilles d'eau. Un mascaron, tête de faune, orne le bec de cette aiguière.

100 — Aiguière Louis XVI, plus petite et d'ornementation analogue.

101 — Paire de flambeaux Louis XV à côtes, en argent.

102 — Paire de flambeaux Louis XVI en argent, modèle à feuilles d'eau, perles, fruits et ornements.

103 — Paire de petits flambeaux en argent, composés de statuettes de jeunes filles agenouillées.

104 — Huit plaques en argent repoussé représentant en bas-relief des sujets tirés de la Jérusalem délivrée, travail de l'époque Louis XIV.

105 à 109 — Six bénitiers en argent, époque Louis XIV.

110 — Un cadre de miniature en argent, ornements de style gothique.

111 — Une montre Louis XVI en or guilloché et ciselé, entourages en jargons.

112 — Une parure, pendants d'oreilles et pendant de cou en or et perles fines.

113 — Une croix or et une croix argent, avec roses et tables.

114 — Deux plaques de ceinture en vermeil.

115 — Vingt-trois lampes juives en cuivre poli, à deux, trois et quatre becs. — Ce numéro sera divisé.

116 — Une paire chenets en cuivre, époque Louis XIV.

117-118 — Deux belles glaces à frontons, de la Régence. Riches encadrements sculptés et dorés.

119-120 — Deux cadres de glaces sculptés et dorés à rocailles et ornements ajourés.

121 — Cadre de glace Louis XVI, sculpté et doré, fronton à colombes et couronne de laurier.

122 — Cinquante cadres anciens, miroirs, etc., en bois sculptés et dorés, sous ce numéro.

123 — Sept appliques de mur à deux lumières, bois sculpté et doré.

124 — Grand et très beau couvre-lit en guipure à rosaces, guirlandes et bouquets et ornements en relief.

125 — Deux couvre-oreillers de même guipure et d'ornementation analogue.

126 — Beau châle en crêpe de Chine richement brodé en soies de couleur et nombreux personnages, chevaux, pagodes, etc., sur fond rose, avec franges de même nuance.

127 — Autre châle brodé de la Chine, à fleurs, oiseaux et branchages sur fond blanc.

128 — Tapis de table, broderies d'Orient.

129 à 131 — Trois couvre-lits en guipure de Milan.

132 — Un rideau, carrés et bandes en guipure.

133 — Plusieurs lots (environ 120 m.) de bordures et entre-deux en guipure de Venise et autres.

134 — Chasuble velours rouge frappé de Gênes.

135 — Très belle robe en brocart Louis XV, or et soies de couleurs sur fond blanc.

136 — Belle tapisserie de l'époque Louis XIV, à nombreux personnages.

137 — Quatre grands fauteuils recouverts en tapisserie au petit point : personnages, animaux et ornements, époque Louis XIII.

138 — Grande et belle pendule Louis XVI, en bronze vert et bronze doré ; le cadran est placé entre deux statuettes : le Temps désarmé par l'Amour ; socle en marbre blanc orné d'une jolie frise d'amours en bronze doré.

139 — Pendule Louis XVI, bronze doré et marbre blanc à sujet : nymphe et amours.

140 — Cartel Louis XVI en bronze doré, modèle à têtes de béliers, peau de lion, etc. ; il est surmonté d'un buste de faune.

141 — Pendule Louis XIV avec socle en écaille garni de cuivres.

142 — Pendule Louis XV, marqueterie de cuivre sur écaille.

143 — Deux bras de mur à six lumières supportées par des cariatides d'enfants.

144 — Lustre de style Louis XIV en bronze ciselé et doré à six lumières ; très beau modèle de Boulle.

145 — Bibliothèque Louis XV en palissandre et bois rose, avec portes treillagées.

146 — Sous ce numéro, quantité de soieries anciennes, brocarts, etc.

147 — Commode Louis XVI, bois de placage et marqueterie.

148 — Pendule religieuse.

149 — Pendule Louis XVI à pyramide, bronze et marbre blanc.

150 — Deux torchères négrillons en bois doré.

151 — Petit canapé Louis XIV, couvert en tapisserie.

152 — Petit meuble Henri II, bois sculpté.

153 — Tapisserie Renaissance.

154-155 — Deux verdures.

156 — Deux flambeaux-cassolettes en bronze, modèle Louis XVI.

157 — Une pendule Louis XVI, marbre blanc.

158 — Une horloge.

159 — Dix éventails et une monture seront divisés sous ce numéro.

160 — Deux rouets en bois.

161 — Un petit cabinet Louis XIII.

162 — Deux émaux translucides de Limoges du XVIe siècle,

163 — Un émail de Limoges du XVIe siècle, d'après Albert Durer, par P. Raimond.

164 — Un émail de Limoges du XVIe siècle, forme ronde (Hercule).

165 — Un émail de Limoges du XVIe siècle (la Prudence).

166 — Un lot de onze buis sculptés et encadrés du XVIe siècle.

167 — Un lot de huit bronzes Louis XV finement ciselés.

168 — Quatre porte-embrasses en bronze ciselé et doré.

169 — Un grand tapis de Perse du XVIe siècle en velours de laine.

170 — Deux chandeliers en bronze ciselés et dorés de l'époque de Louis XIV.

171 — Un petit ostensoir argent Louis XIII.

172 — Une tirelire en fer gravé, XVIe siècle.

173 — Un pilon bronze à mascarons, XVIe siècle.

174 — Deux bustes bronze du XVIe siècle sur socles en fer à mascarons de la même époque.

175 — Une serrure avec sa clef finement ciselée de la fin du XVIe siècle.

176 — Une poudrière corne de cerf sculptée du XVIe siècle.

177 — Quatre angles à têtes en bronze finement ciselés et dorés, époque Louis XIII.

178 — Une armoire normande.

179 — Un bahut.

180 — Bureau en palissandre, style Louis XIII.

181 — Plusieurs fauteuils Louis XVI.

182 — Une commode Louis XIV, en bois de placage garnie de bronzes, dessus en marbre.

183 à 186 — Quatre commodes Louis XVI, bois de placage et marqueterie.

187 — Une garniture de cheminée.

188 — Pièces en faïence de Delft.

189 — Cabaret Empire.

190 — Paire de chenets anciens.

191 — Cinq panneaux en mosaïque de Florence.

192 — Grande et belle pendule Louis XV, avec socle vernis Martin et cuivre rocaille.

193 — Vases et service en porcelaine de Sèvres.

194 — Bas-relief italien en marbre. — La Vierge et l'Enfant Jésus.

195 — Terre cuite. — Deux groupes, signés Gautier, 1781.

196 — Brique en pierre gravée.

197 — Pendule de voyage en bronze doré.

198 — Deux vases en bronze du Japon.

199 — Cache-pot faïence de Rouen, décor bleu à lambrequin.

200 — Plat en faïence de Delft, polychrome et dorée.

201 — Pendule en marqueterie de cuivre, forme Louis XIV.

202 — Soupière avec plateau en faïence.

203 — Deux statuette d'Amour assis, en bronze, socles en marbre griotte.

204 — Bronze. — Enfant debout.

205 — Socles marbre et bronze.

206 — Terre-cuite de Carrier-Belleuse ; Léda.

207 — Très beau baromètre en bois sculpté et doré de l'époque Louis XVI.

208 — Deux socles de forme contournée en bois noir, ornés de bronzes.

209 — Encrier marqueterie de cuivre.

210 — Deux pinces en fer et une pelle avec pommeaux en bronze doré.

211 — Deux chevalets.

212 — Une table de nuit en marqueterie de bois, époque Louis XVI.

213 — Une table à ouvrage de même époque.

214 — Une vitrine de milieu avec glaces.

215 — Une vitrine en bois noir.

216 — Un fauteuil de bureau.

217 — Petit cabinet en mosaïque de nacre.

218 — Un lustre, pièces d'enfilage en cristal de roche.

219 — Une pièce de surtout en terre de pipe.

220 — Deux chiens en faïence émaillée brun.

221 — Lot de médailles en bronze et divers objets.

222 — Grand meuble flamand à deux corps en chêne sculpté ; la partie basse est à quatre vantaux ornés de bas-reliefs ; la partie supérieure, en retrait, est également couverte de sculpture.

223 — Beau meuble à deux corps en noyer sculpté, à fronton ; les quatre portes sont ornées de motifs Renaissance, les montants et les frises sont décorés d'arabesques et de fleurs de lis.

224 — Vingt-trois Tapisseries anciennes, à personnages et verdures, tapisseries dites verdure, etc. etc., seront vendues sous ce numéro.

225 — Grand tapis persan, ancienne qualité.

226 — Autre grand tapis persan.

227 — Tapis persan velouté fond rouge.

228 — Tapis persan à bordures.

229 à 231 — Trois carpettes de Smyrne.

232 — Tableau. — Le Repos, peinture sur porcelaine, par Villemin.

233 — Boîte à couleurs en acajou.

www.ingramcontent.com/pod-product-compliance
Ingram Content Group UK Ltd.
Pitfield, Milton Keynes, MK11 3LW, UK
UKHW020537180726
13839UKWH00006B/2558